YO STYLE

Fashion, Life, Film Photography and more.

YO KINOSHITA

CONTENTS

CONTENTS

INTRODUCTION

Hi! I'm Yo Kinoshita.

みなさん、初めまして〜!!

木下 桜（きのしたよう）です。

まずは、この本を手に取ってくださり

ありがとうございます

普段 SNS で発信している私とは、

違う一面をギュ桜ギュ──っと

詰め込んだので、

最後まで 楽しんで見ていただけると嬉しいです

あなたの 大切な一冊に なりますように。

10 ITEMS
30 OUTFITS

10のアイテムを使って着こなす
コーディネート集

T-SHIRT

1年通して外せないマストアイテム!!
使用頻度が高いアイテムだからこそ、長く愛用できるように
自分に合ったお気に入りの1着を、、

SAINT JAMES のTシャツは、ボートネックになっていて
首元がスッキリ、手首も華奢に見えて重宝してます、、♡
シンプルに白T×デニムでも良いし、
上からスウェットやニットを着ても良しの万能アイテム。
UNIQLOの白Tも着心地良くてお気に入り♡

T-shirt: SAINT JAMES

T-SHIRT
Pretty & Simple.

t-shirt + denim

白T×デニムの定番コーデには、
メガネや帽子など小物で変化を◎
シンプルだからこそ、
デニムや白Tの形で全く違う印象に。
変化が面白いコーデ。

Denim: Levi's used
/Shoes: CONVERSE
/Bag: Ron Herman

t-shirt + cardigan

たまにはオーバーシルエットでゆるっと。
シンプルなコーデに
遊び心あるアイテムをプラスするだけで
いつもと違う雰囲気に…
グレー×ピンクの相性が抜群!

Cardigan: shesame
/Slacks: UNIQLO /Shoes: VEJA
/Bag: CLOUDY

t-shirt + trench coat

丈感、デザイン全てが
お気に入りのトレンチコート。
もう一枚予備で欲しいくらい､､(笑)
CELINEの綺麗めバッグを
プラスすることでよそ行きスタイル♪

Denim: Levi's used
/Trench coat: TUS.
/Shoes: CONVERSE
/Bag: CELINE used

No.2

DENIM

一番よく穿いているフレアデニム。
ハイウエストでスタイル良く見えるデニムが好み♡
MOUSSY のデニムは、穿きやすさ・形・生地感がとにかく大好きで
いろんな形・カラーを持っています。
ヴィンテージショップで探すことも多くて、
自分の体に合った理想のデニムに出会えたら運命、、
即買うようにしています!!

Denim: MOUSSY

DENIM

Denim Days.

denim + blouse

トップスをインしたり
すっきりしたコーデが多いけど、
とろみのある素材で動きが
可愛いトップスでサラッと。
ビーサンで外して◎

Top: EN APARTMENT
/Sandals: TKEES
/Sunglasses: SAINT LAURENT

denim + jacket

ゴージャスなアウターに
小物も、シックなアイテムも
デニムと合わせてカジュアルダウン。
中を白のタートルにすることで軽さも◎

Jacket: BEAUTY&YOUTH
/Top: UNIQLO /Shoes: GUCCI
/Socks: UNIQLO
/Bag: COACH

denim + gilet

白T×デニムのシンプルなコーデに
ジレをプラスするだけで、
いつもと違うコーデに。
季節によって素材を変えたり、
柄やカラーを取り入れることも◎

Gilet: green label relaxing
/Top: SAINT JAMES
/Shoes: VEJA /Bag: CLOUDY
/Sunglasses: guepard

No.3

TURTLENECK

秋冬のマストアイテム！
これ無しじゃ生きていけない〜〜！！
タートル一枚で着たり、ジャケットやジレ、カーディガンと合わせたり、
ワンピースの下にレイヤードしたりと変化を楽しめる万能アイテム。
yoの定番のタートルはUNIQLO！
カラバリ豊富でカラーアイテムにも挑戦しやすくておすすめ◎

Turtleneck: UNIQLO

LONG SLEEVE
Effortless.

turtleneck
+
one piece

サテンワンピ×タートルで着ることも多いです。
Iラインですらっとしたスタイルに◎
これ実は4wayワンピなんです..!
前後裏表4色になっていてその日の
気分・合わせ方でカラーチェンジ。
いろんな顔を楽しめる
飽きないワンピース。

One piece: willfully
/Shoes: VEJA /Bag: ZARA

turtleneck
+
cardigan

素材感のある
優しい色味のカーディガン。
1枚でも可愛いけど
黒のタートルを重ねれば
グッと引き締まって
メリハリのある
コーディネートに◎

Cardigan: used
/Denim: MOUSSY
/Shoes: VEJA /Bag: ZARA

turtleneck
+
one piece

存在感抜群の褒められワンピ♡
裾や切りっぱなしのデザインなど
ディティールに拘ったお気に入りの1着。
1枚で完成するワンピも
インナーにタートルをレイヤード
すればちょっと違った印象に。

One piece: EN APARTMENT
/Shoes: Dr.Martens
/Bag: POLENE

No.4

COLOR ITEMS

季節やその日の気分でカラーアイテムを取り入れるように。
コーデのアクセントにもなるし、
スキップしたくなるほど気分も上がる♪
グリーン系が好きみたいで...
いつの間にかクローゼット緑多めになっています、、(笑)

One piece: Ron Herman

COLOR ITEMS
Pop of Color!

vivid blue
cardigan

vivid red
one piece

vivid green
cardigan

珍しく鮮やかなブルーのカーディガン。
シンプルなカジュアルコーデに
綺麗めカーデでバランスよく。
パキッとしたカラーも着こなす
素敵な大人女性になりたいなぁ。

気分の上がる赤のワンピ。
ワンピースは、1枚でサラッと着れるので
カラー物を取り入れやすい◎

爽やかに白でまとめたコーデ。
大好きなCABaNのカーデは5分袖ver.。
サラッとした生地なので
春から秋口まで長く使えて
こちらも推しです♡

Cardigan: CABaN
/Slacks: H BEAUTY&YOUTH
/Shoes: New Balance
/Bag: CLOUDY

One piece: Ron Herman
/Sandals: TKEES
/Bag: Ron Herman

Cardigan: CABaN
/One piece: ZARA
/Shoes: New Balance
/Bag: Ron Herman

No.5

WHITE CARDIGAN

合わせる服を選ばない万能な白カーディガン。
デニムでカジュアルに合わせても、
ワンピースやスカートで大人ガーリーで合わせても◎

中でも2色買いするほどお気に入りのCABaNのカーディガン。
シンプルなカーディガンは、コンパクトな丈感でスタイルアップ！
ミニポケがついてたりデザインがあるので
1枚でトップスとして着たり、羽織ったり、、
前ボタンを開閉するだけで全く違った印象に。
まだ他のカラーも欲しいくらい気に入っています...♡

Cardigan: CABaN

CARDIGAN
Neutrals.

cardigan
+
one piece

cardigan
+
slacks

cardigan
+
denim

ブラックのワンピースに
ポニーテールでガーリーに。
でも足元はスニーカーで
外してバランス良く。

ニュートラルカラーでバランス良く
まとめたコーデも
チラッと肌見せすることで抜け感を◎
髪はゆるっと巻いてナチュラルに♡

ボタンを閉めてトップスとして。
丈感が短めでコンパクトなので
ゆるっとしたボトムスとの相性が◎
髪もまとめてすっきりした印象に。

One piece: ZARA
/Shoes: New Balance
/Bag: ZARA

Top: BEAUTY&YOUTH
/Slacks: UNIQLO
/Shoes: New Balance
/Bag: CLOUDY
/Sunglasses: guepard

Denim: TOMORROWLAND
/Shoes: CONVERSE
/Bag: ZARA

No.6

SLACKS

トレンドのタックが入ったスラックス。
トップスを選ばないストレートシルエットだから
シンプルから遊び心あるコーデまで
着回し力に優れたヘビロテアイテム！
グレーはカジュアルにもかっちり綺麗めにも
幅広く使えて重宝しています◎

Slacks: UNIQLO

SLACKS

Bury me in this outfit!

slacks
+
fur vest

slacks
+
tank top

slacks
+
knit

すっきりしたシンプルコーデに
存在感あるファーベストで遊び心を。
髪はくるっとまとめて、
バランス良いお気に入りコーデに♡

ブラックの小物でコーデを締める。
シンプルなトップスを合わせて、
サングラスやハットなどの小物で
コーディネートにメリハリを◎

グレー×ピンクの好きな組み合わせ。
ゆったりオーバーサイズなのでボトムスに
インしてすっきりした印象に。
淡い色合わせなので黒の小物で
コーデをしめる。

Top: UNIQLO
/Vest: BASEMENT
/Shoes: CONVERSE
/Bag: ZARA
/Sunglasses: guepard

Top: Hanes
/Sandals: TKEES
/Hat: no brand

Top: STERNBERG
/Shoes: CONVERSE
/Sunglasses: guepard

No.7

BLACK CARDIGAN

ベーシックで使いやすい抜群アイテムなので、
長く着れるように素材やシルエットを大切に。
デザインは遊び心を。

Cardigan: PERVERZE

CARDIGAN

Keep it Simple.

cardigan
+
black denim

細身のデニムにオーバーサイズの
カーデを合わせて、メリハリのある
オールブラックコーデに。
シルバーの素材感のある
バッグで抜け感◎

T-shirt: SAINT JAMES
/Denim: Acne Studios
/Shoes: New Balance
/Knit cap: CA4LA
/Bag: YUZEFI

cardigan
+
skirt

ボリュームのある白ワンピで
バランスをとった甘辛MIXコーデ。
足元は軽めなスニーカーでバランス良く◎
色物のカーディガン
もってきてもかわいい...♡

One piece: ZARA
/Shoes: New Balance
/Bag: YUZEFI

cardigan
+
denim

ヴィンテージデニムにブーツを
合わせたメンズライクなコーデ。
首元はスッキリと
女性らしさを残して。

Top: UNIQLO /Denim: Levi's
/Shoes: Dr.Martens
/Bag: CLOUDY
/Sunglasses: guepard

GILET

いつものコーデを一味違ったものにしてくれる
yo_style マストアイテム！
色んな素材や色んな形のジレを持っています。
集めがち、、（笑）
ボックスシルエットを活かしてタイトめのアイテムと相性◎

Gilet: TOMORROWLAND

GILET
Feeling 11 out of 10.

gilet + skirt	gilet + short pants	gilet + slacks
タイトなトップスと Iラインのスカートで大人レディ。 ディナーデートに◎	ショート丈のボトムでバランスをとって ワントーンですっきりコンパクトに。 ちょっと背伸びなランチ会へ♡	スラックスとスニーカーを 合わせてカジュアルダウン。 ボリューム感のあるジレと ストレートのスラックスが相性◎
Turtleneck: UNIQLO /Skirt: no brand /Shoes: willfully /Bag: ZARA	Top: Hanes /Short pants: DIANTÉ /Shoes: GUCCI /Bag: ZARA	Turtleneck: UNIQLO /Slacks: UNIQLO /Shoes: CONVERSE /Bag: POLENE

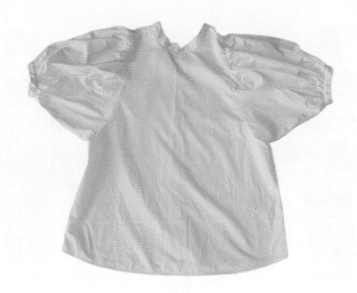

BLOUSE

白のブラウスは女の子の定番アイテム。
シルエットや素材、デザインがお気に入りの1着。
可愛らしくなりすぎないように、デニムで合わせたり
黒でまとめたり甘辛ミックスで着るのがyo_style ♡

特に sayako.（@sysysysy_0623）のブランド
Cla STEllaRのブラウスは
質感もデザインもどタイプでチェックしています♡

Blouse: Cla STEllaR

BLOUSE
Basic Babe.

blouse
+
sneakers

1枚でコーデが完成する
綺麗めなブラウスワンピは、
スニーカーを合わせてカジュアルダウン。
ラフでシンプルだけど、
オシャレなコーデに。

One piece: Cla STEllaR
/Shoes: VEJA
/Bag: ADAM ET ROPÉ

blouse
+
slacks

大きい襟付きの可愛いブラウスは、
締め色のブラックでまとめ、
髪はぴっちりお団子ヘアで
思い切りクラシカルなコーデに。

Top: Cla STEllaR
/Slacks: H BEAUTY&YOUTH
/Shoes: repetto
/Bag: COACH

blouse
+
denim

ボリュームスリーブがポイントの
ブラウスにデニムを合わせた
ベーシックで女の子らしいコーデ。
差し色にベージュの小物をプラス。
後ろのリボンがポイント◎

Top: Cla STEllaR
/Denim: MOUSSY
/Sandals: TKEES
/Bag: ADAM ET ROPÉ

No.10

SKIRT

シンプルなAラインが特徴の白いスカートは、
1着あれば着回し力抜群!!
合わせ方次第でカジュアルに着たり綺麗めに着たり、
振り幅を利かせたコーデが組めるのでおすすめ♡
スカートの素材や形で変化を楽しんで。

Skirt: MACPHEE

SKIRT

Make a Difference.

skirt + t-shirt	skirt + jacket	skirt + knit
スッキリとしたノースリーブに Aラインのスカートでメリハリをつけて。 オールホワイトで夏らしい 爽やかなコーデに。	メンズライクな オーバーサイズジャケットを合わせて 大人の綺麗めカジュアルに。 首回りの肌見せで 女性らしさもプラス。	ざっくりオーバーサイズのニットも 締め色のブラックで 甘くなりすぎないように。 髪は上でまとめて スッキリした印象に◎
Top: Hanes /Shoes: New Balance /Bag: ADAM ET ROPÉ /Sunglasses: SAINT LAURENT	Top: UNIQLO /Jacket: VIS /Shoes: New Balance /Bag: YUZEFI	Top: STERNBERG /Shoes: New Balance /Bag: CLOUDY

DENIM DAZE

7 *STYLES*

01 SALOPETTE

FIT CHECK
FIT CHECK

FIT CHECK
FIT CHECK

Top: Hanes
Salopette: Signe

LET YOUR STYLE
SPEAK FOR
ITSELF.

Bag: STYLEMIXER

CHIC
HAPPENS

Sandals: UNIQLO

好きなシルエットでデニムを楽しむ！
サロペットを使ったコーディネート。

Half up half down hair

ハーフアップで顔まわりを
スッキリ、ナチュラルに。

Tank top

サロペットにボリュームがあるので
トップスはスッキリと
シンプルなインナーをチョイス。
インナーの形がとにかく綺麗で
家族みんな持っています（笑）

Woven bag

リラックス感のある
バッグはコーディネートの差し色に◎

Black Sandals

足元は涼しげにサンダルを。
フットネイルは、ネイリストの
ゆいぴ（@ymmty30）にお任せで..♡
ぷっくり赤が可愛い、、、

福岡のお気に入りのセレクトショップで見つけたオーバーオール。
もっちりした質感に、珍しく太めのシルエットのホワイトをチョイス。
周りからも好評で毎年大活躍のアイテム！
買って良かった〜♡

02

BLACK DENIM 1

Ponytail

髪はアップスタイルでまとめて
顔まわりもスッキリと

Ruffle Top

シンプルだけど、
一枚でおしゃれなブラウス。
袖の広がりが推しポイント♡

Horsebit Loafer

脱いだ時もアガる
お気に入りのローファーで
チラッと肌見せ◎

デニムだけど大人っぽく
お気に入りの小物で合わせたレディなスタイリング。

Denim: Acne Studios
Top: ZARA
Bag: COACH

シンプルの中に一捻り。
スッキリしたスタイルに遊び心のあるブラウスを合わせたコーディネート。

黒×ゴールドの小物をアクセサリー感覚で。
大学の入学祝いで父に買ってもらった大切なバッグ。

Shoes: GUCCI
Ring: CENE
Ear Cuff: PAULINE STUDIO

SIMPLE YET
SOPHISTICATED.

03

FLARE DENIM

Low Ponytail

ポニーテールは下でまとめて
落ち着いた雰囲気に。

Tweed Jacket

ツイードジャケットを合わせれば
いつもとはちょっと違った
デニムのコーディネートが完成。

Sneakers

小物はホワイトでスッキリと。
足元にはスニーカーを。

カチッとしがちな綺麗めジャケットをデニム×スニーカーで
カジュアルダウンしたコーディネート。

Jacket: AKTE
Top: UNIQLO
Denim: MOUSSY

スタイルアップできるフレアデニムは1本あると便利◎
コーディネートのバランスをとりやすく
トップスを選ばないからオススメです♡

Bag: POLENE
Shoes: VEJA

JUST DO IT...WITH STYLE.

04 STRAIGHT INDIGO JEANS

BEIGE
RED
INDIGO BLUE.

Coat: NOKCHA
Denim: TOMORROWLAND
Sunglasses: Zoff

PLAY
WITH
COLORS.

Top: UNIQLO
Bag: CELINE

LET'S TAKE A
#SHOEFIE.

Shoes: CONVERSE

カラーコーディネートに最適なインディゴデニム！
捻りを加えたスタイリング。

Sunglasses

コーデが映える楽ちん定番ヘアで
サクッとまとめてメガネをコーデにプラス。
小物は焦茶で統一感を。

Trench Coat

アウターは落ち着いた色味の
トレンチコートをチョイスして
差し色の赤いトップスを引き立てて◎

Vintage Bag

ヴィンテージのセリーヌバッグ。
バッグひとつでガラッと雰囲気が変わる。

Sneakers

足元はカジュアルに
スニーカーで

ハイウエストでスタイルアップするストレートデニムは
着回し力抜群でアウターを着ても着なくても◎
カラーと相性が良いインディゴデニム。

05 BLACK DENIM 2

PERFECT HIGH PONYTAIL.

Denim: Acne Studios
Knit Vest: leinwände

*RED LIPS
AND
ROSY CHEEKS.*

Bag: ZARA
Top: UNIQLO

*BLACK LEATHER
ROUND TOE FLATS*

Shoes: repetto

MY FAVORITE!

裾に余裕があるスキニーでこなれ感◎
モノクロでまとめたお気に入りのコーディネート。

Ponytail

ハイポニーテールでスッキリと◎

White Vest

素材感のあるトップスをレイヤードして
コーディネートのポイントに。

Stretchy Skinny Denim

丈感がポイントの
万能ブラックスキニーで
コンパクトなシルエット。

Round Toe Flats

ミニマルでシックなフラットシューズ

素材感のあるベストが主役。
こういうスッキリしたコーデが好きです♡
小物はミニマルなレザーアイテムで◎

06

Natural Wavy Hair

毛先を緩く巻いて
ナチュラルに

Oversized Jacket

メンズライクな
オーバーサイズのジャケットが
コーディネートの主役!

TAPERED DENIM

BLACK
AND
WHITE.

デニム姿に「品格」をプラス。大人ハンサムなジャケットスタイル。
メガネに赤リップでモードな印象に◎ お気に入りの定番コーデです。
白Tは福岡にあるお気に入りのセレクトショップで見つけたもの。
ジャケットは友人（@minami_sato）のブランドで購入しました。

Denim: Levi's used /Top: JOHN MASON SMITH /Jacket: DIANTÉ

WHITE PURSE

SNEAKERS

バッグは白をチョイスしてこなれ感をプラス。　　足元はスニーカーでカジュアルダウン。

Bag: CLOUDY　　　　　Shoes: CONVERSE

07

Chic Updo

髪の毛はざっくりとまとめた
アップスタイルでスッキリと◎

上はゆるっと下はピタッとの
メリハリコーデ◎

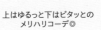

BLACK SKINNY

BLACK!
BLACK!
BLACK!

ブラックスキニーにコンパクトなニットカーディガンを合わせたミニマルなコーディネート。
スキニーの中で特に好きなGAPのパンツ。
ヴィンテージの優しいベージュカラーとディティールで柔らかい印象に。

Denim: GAP /Knit: used

CLASSIC SHOULDER BAG

シンプルなショルダーバッグは
金具のゴールドがアクセント

Bag: COACH

LEATHER FLATS

足元はバレエシューズで
肌見せして抜け感を◎

Shoes: repetto

SHOES

SANDALS
TKEES

VEJA

お気に入りのシューコレクションを
まとめて大公開!!

SHORT BOOTS
willfully

FLATS
GUCCI

New Balance

SNEAKERS

repetto

WHAT'S IN MY BAG?

All the details.

Essentials

BOTTEGA

VENETA

TEKLA

yo のバッグの中身大公開!
サングラス・フィルムカメラはもちろん、移動時読むように本も持ち歩いています。
中でもみんなにおススメしたいのはこれ!!
ドクターベックマンのステインペン(衣類の染み抜きペン)。
結構な頻度で洋服を汚してしまうので、、母から誕生日プレゼントでもらいました。
自分だけじゃなく、周りの人がこぼしちゃった時もサッと。
今では手放せないアイテムになっています(笑)

Bag: POLENE /Sunglasses: guepard /Wallet: LOEWE
/Hand cream: DIPTYQUE /Lip cream: MENTHOLATUM Rich Honey
/Lip sticks: NARS 9477, TOM FORD 04
/Keyring: BOTTEGA VENETA /Book cover: no brand
/Stain pen: Dr.Beckmann /Okiyome spray: oisesan
/Grocery bag: FIDES /Hand towel: TEKLA /Camera: Canon

SEASONS

SPRING

Beauty in Bloom

春はブラウスや淡い色の登場頻度高め。
差し色でカラーアイテムを取り入れたり
ブラウスなどのサラッとした質感のアイテムだったり、
軽さや明るさを。
トレンチコートも春のマストアイテム。

Made you look

SUMMER

夏はサングラス×サンダルはマスト!!
涼しげにオールホワイトだったり
爽やかな色味をチョイス。

Happier than Ever

AUTUMN

秋は、ジャケットやジレ・ベストなどで
コーデに変化をつけたり、
1枚で着るトップスは存在感のあるカラーや
デザイン性のあるアイテムを選ぶように◎

#YO STYLE

WINTER

Stay Cozy.

冬は暗く重たくならないように、アウターの素材や
質感・カラーアイテムや髪型などで変化をつける。
トップスにボリュームが出やすいので、
メリハリのあるコーデを意識すると◎

SWEATER WEATHER!

CUFFING SEASON!

Seven Things
About Me.

1. Film Camera

2. Beauty / Hairstyle

3. Books

4. Pilates

5. Interior

6. Cooking

7. Travel

1. Film Camera

My trouble is that
I fall in love with every pretty thing.

Film camera: Canon Autoboy Luna35 PANORAMA

初代フィルムカメラとのツーショット。
どこに行くのも一緒の大切な相棒。壊れてしまった今も大切にとっています。

▶ディズニー
初めてのクリスマスディズニー
空間が可愛すぎて大興奮、、、

▶東京タワー
見つけるたびに気分が上がる
大好きなパワースポット。
フィルムカメラアプリEE35で
撮影した東京タワー。
お気に入りで、ケータイのホーム画面は
もう3年くらいこれです(笑)

Photos capture my daily life.

フィルムカメラは、お出かけの時のマストアイテム!
仕事柄、SNSにアップするために自分の写真はよく撮るけど、人を撮ることも好き。

フィルムカメラでは、何気ない日常や景色を切り取ることが多く
ブレてたり、半目だったり、それもフィルムカメラらしくて好き。
#yo_film に撮ったフィルムカメラ写真をアップしているので是非チェックしてみてね♡

写真、フィルムカメラにハマったきっかけ:

友達と使い切りカメラを持って
旅行に行ったことがきっかけで
MYカメラを購入しました。

一緒のタイミングでハマった友達と
フィルムカメラ片手に撮影しに行ったり
このフィルムが良かったと共有し合ったり
共通の趣味があって良いよね。
楽しい..♡

▶車内で
ビーチでサンセット見ながら..
最高な休日!

▶ コインランドリー
6年前に撮影で撮った1枚。
今でもお気に入りの1枚。

何気ない日も誰かにとっては特別な1日

不意に撮った写真の方が良かったり、、（笑）

沖縄の離島でサイクリング
海と緑と動物がたくさんで気分もリフレッシュ

江ノ島ドライブの帰り道ふっと見上げたら
見つけたらいい事があると言われてる 彩雲が

2. Beauty

Self care is not a luxury.
It's a necessity.

メイクはシンプルでナチュラルに。
なので、お肌はすごく大切にしています。
スキンケアはもちろんだけど、食生活や睡眠時間はもっと大切!
肌の調子が悪いと感じたら、生活習慣の見直しを意識して..

メイクでは特に眉毛を大切にしています。
毎日違うってくらい定まってはいないけど..1番時間をかけています(笑)

▶ KEEP IT SIMPLE

朝の白湯、早寝早起きや
生活といった規則正しい生活や
船にしっかり浸かるなどシンプル。

々の小さな積み重ねが大切だと思っています。

I'm doing this for me.

▶ COSMETICS

Eye Pallet:
hince (Eye Shadow Palette 05)

Sunscreen:
DECORTÉ (TONE UP CC 10)

CC Cream:
CHANEL (CC CREAM N 10 Beige)

Mascara:
dejavu (Volume / Mocha Brown)

Brow Gel:
benefit (Eyebrow Gel)

Eyebrow:
KATE (Eyebrow 3D EX-5)

Highlighter:
THREE (Shimmering Glow Duo 01)

Cheek:
M•A•C (Mineralize Blush WARM SOUL)

Face Powder:
THREE (Loose Powder 02)

Lip:
NARS (9477) / TOM FORD (04)

Eyebrow Brush:
ADDICTION (Eyebrow Brush 01)

Color Eyeliner:
THREE (X03)

Eye Shadow:
LAURA MERCIER
(Caviar Stick Eye Color 38 GOLDEN)

I keep my lips red.

73

Hairstyle

- MY FAVORITE IDEAS -

基本は暗めのトーンに切りっぱなしのスタイル。
その日のファッションやTPOに合わせて
ラフにお団子にしたり、ゆるっとポニーテールにしたり
スッキリとまとめたヘアアレンジが多い◎
横から見たときのシルエットを大切にしています。

Half-up half-down

女性らしさをプラスしたいときは
ハーフアップに。
全体をゆるっと巻いたり
結び目をくるっとねじったり。
シンプルなのでどこかに遊び心を。

Ponytail

コーデによって
結び目の位置は変えて。
カールして結ぶことで揺れた時の
髪の動きが可愛くてきゅん。

Natural

ダウンスタイルの時は、
毛先と顔まわりをゆるっと
巻いてナチュラルに。

Low Bun

かっちりしないよう
少しボサッとゆるく結ぶことがポイント！
高い位置で結ぶより大人っぽく。

All about the vibe.

French Braid

ぴっちりセンターでひとつ結びで
お姉さんスタイル。

Yo-do

ざっくりアップでまとめた
お団子ヘアはyoの定番ヘア！
これにサングラス（orメガネ）で
楽ちんにオシャレ◎笑

3. Books

本は、母の影響で小さい頃から好きで。
今まではミステリー小説を読み漁っていたけど、最近は自己啓発本を手に取ることが多い！
1人時間にカフェで本を読んだり、友達とBOOKカフェに行って
黙々と読むこともあるくらい本を読む時間を大切にしています。

本も出会いで不思議と、その時の自分に必要な言葉が書いてあったりするんだよね。

インスタグラムで紹介してる中でも特にお気に入りの本たちを紹介します。

1. 覚悟の磨き方　超訳：吉田松陰

友達から
「今の桜にぴったりだと思うから」とおすすめされた本。

最初のページから心に響く言葉が詰まっていてふっと読み返したくなる..
大事な時に背中をポンと押してくれる1冊で
周りにもおすすめしています。

2. もし僕がいま25歳なら、
こんな50のやりたいことがある。
著者：松浦弥太郎

弥太郎さんの本は、実家にたくさんあって
母に勧められ読み始めました。

どれも読みやすくて面白いけど、特にこの2冊！
心にスゥと入ってくる言葉がたくさん。
当たり前に過ごしてる日常で、忘れがちなことが
弥太郎さんの本を読むたびに、『あぁ、確かに。』と再確認。

3. 100の基本
松浦弥太郎のベーシックノート
著者：松浦弥太郎

"どんなことにも その先に人がいることを忘れない"
中でもこの言葉が好きで、意識するようにしています。

4. 結局、自律神経がすべて解決してくれる
著者：小林弘幸

整えることの大切さ。

タイトルの通り
「結局、自律神経がすべて解決してくれる」

スゥと頭に入ってきて、なるほどな～の連発。
日常生活ですぐに実践できることが分かりやすく書いてあって
とても読みやすく為になる1冊です。

4. Pilates

PILATES

yoといえば、ピラティス!?(笑)
私の生活には欠かせないことのひとつ。

通えば通うほど身体の変化が目に見えて分かるから本当に楽しい!
家族や周りの友人からも会うたびに身体が変わったと褒められるほど、、

疲れていてもピラティスすればスッキリ
心も身体もリフレッシュ。
簡単そうに見えるポーズもキツすぎる!!
けど楽しいんです。

皆さんにぜひやってみて欲しい!絶対ハマる。

BIO STEAM

友人に勧められて始めた、
「進化版よもぎ蒸し」と言われているBIO STEAM。
冷えや不眠、生理不順などに効果があるそうです。

自分の身体と向き合い、
何も考えずにリラックスできるわたしの月1の楽しみです♡

—— *Body, Mind, Soul.*

5. Interior

家具がウッド系なので、家電や小物はブラック系でまとまりが出るように。

グリーンも好きなので、植物やカーテンで緑を使い
温かみのあるナチュラルなお部屋にしています。

私の好みがぎゅっと詰まった家になってる♡(笑)

／TSUWA

〜も、母の影響で好きに。
〜ちむん(沖縄)や小鹿田焼(大分)などの民陶が特に好き。

〜岡に住んでいる時は九州の窯元に行ったり
〜縄旅行に行った時は、窯巡りしたりと、
〜い頃から陶器市などに連れ回されてた記憶が、、(笑)
〜は、出会い。出会った時が買い時!
〜母がよく言っています(笑)

〜省すると必ず行く、
〜福岡のお気に入りの民藝品屋さん。
〜が本当にどれも素敵で、おすすめです◎

ご飯は、基本和食。
一汁三菜を意識して、
バランス良く作るようにしています!

あとは、お味噌汁が好きで
身体のためにも1日1杯は飲むように。

1. STAUBご飯にハマってる。
　鯛めし美味しかったな〜♡

2. キャンプでフレンチトースト

3. 前の日作った鯖のバター煮で、
　翌日鯖サンドを... 絶品すぎた♡

4. みんなにおすすめしたい
　「焼き鯖と梅の実ひじきの混ぜご飯」

5. 福岡土産のもつ鍋!最高!!大好き!

3

4

5

Travel

yoに欠かせないリフレッシュのひとつ、旅行。
自然いっぱいの場所で何も考えずまったり過ごす旅も
一日中買い物したりアクティブに動き回る旅も。

何度も行く場所にはお決まりコースもしっかり（笑）
初めて行く場所は何もかもが新鮮で、心が躍るあの感覚が好き。

年に一回は家族で旅行に。
近場の温泉地や、ハワイ、フィンランドやベルギーなどヨーロッパにも。
他にも、福岡のお隣 韓国には仕事やプライベートで何回か行ってました

海外に行くと、その国の古着屋さん（ヴィンテージショップ）に
行くのもひとつの楽しみ..♡

どこも素敵な場所で、また必ず行きたい。

.a curious girl, a wanderer

Family

▶ 家族でお正月旅行
最近は、国内の温泉旅行に行くことが多く。
お正月旅行では、書き初め大会が恒例行事になってます（笑）

▶ 軽井沢
愛犬カイルも連れて旅行に行くことが増えました♡
これからもいっぱい思い出作ろうね。

Local Food

1. アサイーボウル（Hawaii）→ アサイーといえばここ! 必ず行くお店。
2. プレート（Hawaii）→ どの料理も美味しくて、ここもハワイで必ず行くお気に入りのお店。
   滞在中2、3日行くことも。笑
3. フリット（Belgium）→ 滞在期間中は、フリットとワッフル巡り。色んな味があって飽きない!
   美味しい!
4. チーズチムタク（Korea）→ 韓国で初めて食べて美味しすぎて感動したコリアンフード。
   それから行く度必ず食べています。笑
5. 沖縄そば（Okinawa）→ 島にある沖縄そばのお店。出会った中で一番好きな味でした。
6. サーターアンダギー（Okinawa）→ 1日に何度も行っちゃうほどお気に入りのお店。

. IZUMO TAISHA

までで一番のパワースポット。
が浄化されてスゥッと落ち着く感覚があった！

2. OKINAWA

好きな沖縄の離島。
をサイクリングしたり、
ップなど自然の中でのアクティビティをしたり。
で牛や馬、ヤギなどに遭遇することも…(笑)

3. BELGIUM

色対また行きたい国！！
街並や建物…
見るもの全てが美しく、ワクワクが止まらなかった。
ベルギーでは色々な教会を見に行って、
その中でも感動した教会の前で、
母が撮ってくれたお気に入りの1枚。

1

2

4. HAWAII

今までで1番行ってる国。
ビーチで読書したりお昼寝したり、、
ゴルフの打ちっぱなしやトレッキングしたりも(笑)
自然いっぱいの中でゆったりした時間が流れてて、
心も身体も満たされる..

3

4

▶ マグリット（Belgium）
ベルギーの美術館で出会ったルネ・マグリットの作品。
タイトル『9月16日』
わたしが生まれた日で運命感じた。

▶ カナダ
高校時代、3ヶ月のホームステイ留学でカナダへ。
家の裏庭で雪だるま作り…
こんなに雪が積もってるのも
こんなに大きな雪だるまを作ったのも初めて！！

Q and A

Get to know me!

1. 自己紹介

名前　木下桜
誕生日　1998.09.16
血液型　AB型
出身地　福岡県
身長　166cm
体重　42kg
仕事　モデル

2. 名前の由来

桜の花のようにみんなから愛され、
男でも女でもなく、海外でも通用するような名前。

3. 家族構成

父、母、姉(3つ上)、私、妹(3つ下)

4. 性格を一言で表すなら？

ハッピー人間！！（笑）　よく喋りよく笑う

5. 趣味は？

フィルムカメラ　器集め　カフェ巡り　歌舞伎鑑賞

6. 口癖は？

「へぇ〜」とか
会話の始まりに「ねぇ、待って、」←よく言ってしまう

7. 好きな食べ物は？

実家の餃子
「さわやか」のハンバーグ（最後の晩餐はこれ!）

8. 嫌いな食べ物は？

トマト

9. 好きなお菓子は？

ラーメン丸（小さい頃から変わってない笑）

10. 好きなおにぎりの具は？

鮭か、焼きサバ梅の実ひじき
（ほんと美味しいけん食べてほしい..）

11. スタバでよく飲むドリンクは？

ゼンクラウド ウーロン ティー ラテの
オーツミルク変更全部ミルクで（笑）

12. 好きな動物は？

牛
小1の時学校の授業で牛の絵を描きに行ってから好きになった♡
今でも牧場に行ったり、旅行で島に行くときは
牛に会うことが楽しみのひとつ♡（笑）

13. 朝起きて1番にすることは?

カイル（愛犬）と戯れる。

14. 寝る前にすることは?

お香をたきながらケータイを触る、、、

15. 休日の過ごし方は?

基本アウトドアなので家にいることはない!
カイルとお出かけしたり、友達とカフェ行ったりします。

16. 毎日欠かさないことは?

白湯を飲むこと、トイレ掃除（笑）。あっ、あと湯船に浸かる。

17. 人生のモットーは?

楽しむことが一番!目標に縛られず、目の前のことに全力で
選択に悩んだら自分のワクワクする方に

18. 大切にしていることは?

思いやり・素直さ。ありのままの自然体の自分でいること。

19. モチベーションの上げ方は?

周りの友達と話す!周りにハッピーな友達が
たくさんいるので話してるとモチベーション爆上がりします。

20. 気分が上がることは?

早起きして朝活!大好き!!

21. 落ち込んだときの回復方法は?

とにかく泣く!信頼できる人にすっきりするまで聞いてもらう!(みんないつもありがとう、、)

22. 自分磨きは何から始める?

本を読む。身の回りの整理したり本当に簡単なことから始める。

23. スタイル維持の秘訣は?

ピラティス・規則正しい生活

24. 服を買う時の決め手は?

どれだけ着回しが効くか。
優柔不断なので一回家に持ち帰って後日買いに行くことよくある(笑)

25. コーデを組むポイントは?

TPOもだし、コーデ全体のバランスを特に気をつけます。
自分のスタイルが一番良く見えるように。
お出かけ前は部屋が荒れるほど着替えを繰り返してる、、

26. コーデを組むのは朝派? 前の日の夜派?

本当は、前の日の夜決めときたい、、けど大体決めきれず当日の朝になってしまう。

27. 子供の頃の夢は？

プリンセス

28. 幼少期はどんな子だった？

誰とでも喋って、旅行先で友達を作ったり、学校の先生も友達だった（笑）
あとは、包丁を持ってたら100％手を切っていたらしい、、こわいこわい。

29. 生まれ変わったら何になりたい？

歌手！！歌上手い人憧れるぅ、、

30. 動物占いの結果は？

落ち着きのない猿

31. デートに行くなら？

サンセットドライブ！！最高！！

32. 好きな異性のタイプは？

思いやりがあって何かを頑張っている人←キラキラして見える！（笑）

33. 福岡の良いところは？

ご飯がどこ行っても美味しい！！

34. 今までで行って良かったところは？

出雲大社！（今までで1番のパワースポットやった！）
海外はベルギーかなぁ（毎日フリット生活だったけど）

35. 行ってみたいところは？

ドイツ・スペイン

36. 尊敬する人は？

母！！

YOU ARE BEAUTIFUL
JUST THE WAY YOU ARE.

THANK YOU
FOR READING.

最後まで読んでいただき ありがとうございます。
いかがでしたか？

上京した約2年前に立てた「スタイルブックを出す」
という目標を叶えることができたのは、
いつも応援してくれる皆様のおかげです‼︎
温かく見守っていただきありがとうございます。

そして、この本の出版にあたり サポートしてくれた
スタッフの皆様、本当にありがとうございます。

この本は、ありのままの "自然体の自分" を
テーマに作成しました。
読んでくださった皆様の心に 何かひとつでも
残るものがあれば 嬉しいです

皆様の人生が
たくさんの愛と笑顔であふれますように…

木下桜
ya.

妹作の
似顔絵スタンプ♡

Yo Kinoshita

モデル、YouTuber、インフルエンサー。
ライフスタイルを発信する。

YO STYLE

2023年05月30日　初版第一刷発行

著　　者　Yo Kinoshita
発 行 元　Jane Publishers（株式会社QUINCCE）
発 行 人　長倉千春
連 絡 先　info@janepublishers.com

Staff

編 集 者　Chiharu Nagakura
ﾃﾞｻﾞｲﾅｰ　Miho Aizu (@aizu_miho)
撮 影 者　Antonio Nagajata from MIRAZENOBIA（@mirazenobia_studio）
ﾍｱﾒｲｸ　Kaori Chiba（@__kaorihairmake）